DE MÃOS DADAS
ÉTICA E CIDADANIA

2º ano

Avelino A. Correa • Amélia Schneiders

Avelino A. Correa
Professor de Ensino Médio, formado em Filosofia e Teologia.

Amélia Schneiders
Professora de Ensino Religioso no Ensino Fundamental e Médio e de Didática e Prática de Ensino nos cursos de Magistério.

editora scipione

editora scipione

Diretoria editorial: Lidiane Vivaldini Olo
Editoria de Ciências Humanas: Heloísa Pimentel
Editoras: Regina Gomes e Solange Mingorance
Assistentes editoriais: Mirna Acras Abed Imperatore
e Thamirys Gênova da Silva (estag.)
Gerente de revisão: Hélia de Jesus Gonsaga
Equipe de revisão: Rosangela Muricy (coord.),
Gabriela Macedo de Andrade,
Luís Maurício Boa Nova e Vanessa de Paula Santos;
Flávia Venézio dos Santos (estag.)
Supervisor de arte: Sérgio Yutaka Suwaki
Equipe de arte: Andrea Dellamagna (programação visual),
André Gomes Vitale (produção de arte)
e OAK Studio (editoração eletrônica)
Supervisor de iconografia: Sílvio Kligin
Equipe de iconografia: Josiane Laurentino e
Vanessa Manna (pesquisa), Nadiane Santos (assistência)
Tratamento de imagem: Cesar Wolf e Fernanda Crevin
Colaboração: Maria Luísa Naca, Saverio Lavorato Jr. e
Maria Aiko Nishijima
Ilustrações: Rogério Coelho
(capa e ícones das aberturas de unidade),
Leo Fanelli, Camila de Godoy e Fábio Sgroi

Direitos desta edição cedidos à Editora Scipione S.A.
Avenida das Nações Unidas, 7221, 3ª andar, Setor D
Pinheiros – São Paulo – SP – CEP 05425-902
Tel.: 4003-3061
www.scipione.com.br / atendimento@scipione.com.br

Dados Internacionais de Catalogação na Publicação (CIP)
(Câmara Brasileira do Livro, SP, Brasil)

Schneiders, Amélia
    De mãos dadas : ética e cidadania : ensino
fundamental, 1 / Amélia Schneiders, Avelino A. Correa.
-- 11. ed. -- São Paulo : Scipione, 2014.

    Obra em 5 v. para alunos de 1º ao 5º ano.

    1. ética e cidadania (Ensino Fundamental) I. Correa,
Avelino A. II. Título.

14–09870   CDD–377.1

Índices para catálogo sistemático:
1. Ética e cidadania nas escolas   377.1
2. Ética e cidadania : Ensino fundamental   377.1

2023
ISBN 978 85 262 9434 9 (AL)
ISBN 978 85 262 9435 6 (PR)
CAE 506602 (AL)
CAE 506586 (PR)
Cód. da obra CL 738669
11ª edição
10ª impressão

Impressão e acabamento: EGB Editora Gráfica Bernardi Ltda.

Os textos bíblicos citados nesta obra foram retirados de várias edições da Bíblia e adaptados para uma linguagem mais adequada à faixa etária dos alunos.

Meu livro

Meu nome é _____

_____

Nasci no dia _____ de _____

_____ de _____

na cidade de _____

_____

Eu sou assim: _____

_____

_____

_____

O que mais gosto de fazer é _____

_____

_____

_____

_____

Cole sua foto aqui e enfeite a página com adesivos (no final do livro).

Sumário

Os caminhos da paz, 56

Os caminhos de Deus, 82

Comemorar para crescer

CONHEÇA SEU LIVRO

Este livro está dividido em quatro unidades. Cada unidade contém quatro capítulos.

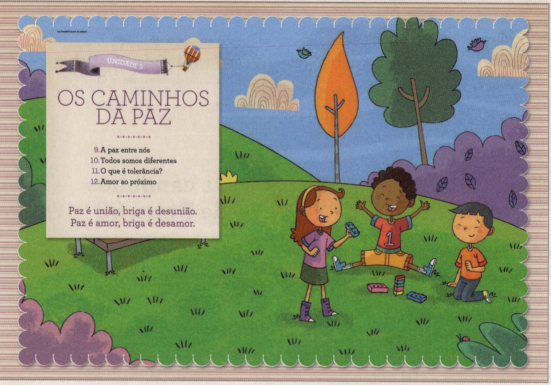

Nas aberturas de unidade há sempre uma mensagem para você! Observe a imagem e veja qual será o assunto principal dos capítulos da unidade.

Número do capítulo.

Título do capítulo.

O texto do capítulo traz informações e questionamentos relacionados a sua vida. Observe as imagens, leia os textos, pense e converse sobre eles com seus pais, seu professor e seus colegas.

Na seção **Ler é gostoso** há textos variados, como poemas, histórias, reportagens, relacionados ao assunto do capítulo. Como diz o nome da seção, você vai descobrir que ler é muito bom!

A seção **Brincando de filosofar** convida você a pensar sobre um tema. É um momento para refletir, discutir com os colegas, justificar e defender suas ideias.

A seção **Atividades** encerra cada capítulo. Encare esse desafio! Há vários tipos de atividade:

- Trocando ideias
- Ideias em ação
- Vamos refletir?
- Pensando juntos
- Momentos de oração

A seção **Olhando mais longe** encerra cada unidade. É uma reflexão sobre o que você aprendeu nessa etapa e o que isso vai servir para o seu futuro.

No fim do livro, mais atividades para você:

Dias especiais

Aqui você conhece as datas especiais, festas e costumes de diferentes religiões.

Cantinho das canções

Cantar é muito bom! Aqui você encontra letras de música para cantar com os colegas e o professor.

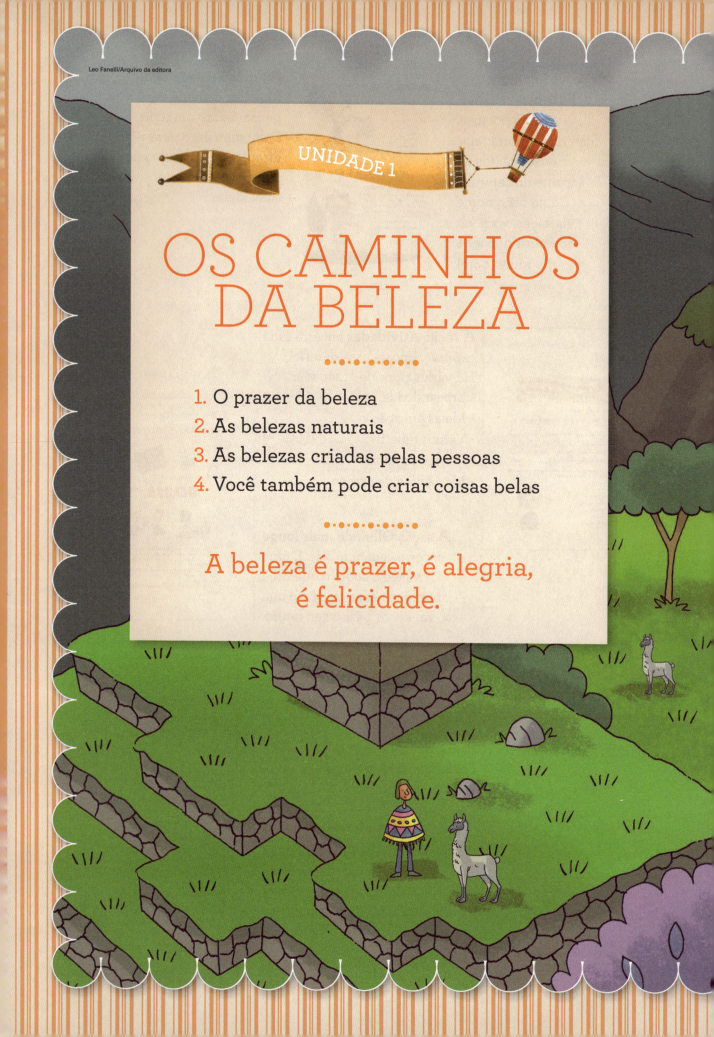

UNIDADE 1

OS CAMINHOS DA BELEZA

1. O prazer da beleza
2. As belezas naturais
3. As belezas criadas pelas pessoas
4. Você também pode criar coisas belas

A beleza é prazer, é alegria, é felicidade.

CAPÍTULO 1

O prazer da beleza

A vida tem muitas coisas lindas.

A beleza pode estar, por exemplo, nas pessoas, nos animais, na natureza, na música, na pintura, na poesia e nas histórias.

Mas é preciso aprender a ver, ouvir e sentir a beleza.

Quantas histórias bonitas você já ouviu?

De que música você mais gosta?

Qual é seu poema preferido?

Você conhece alguma pintura famosa por sua beleza? Qual?

Praia do Morro das Pedras em Florianópolis, estado de Santa Catarina, 2014.

O que é bonito nos dá alegria e prazer.

Pássaro livre

Gaiola aberta.
Aberta a janela.

O pássaro desperta.
A vida é bela.

A vida é bela.
A vida é boa.

Voa, pássaro, voa.

A dança dos pica-paus, de Sidónio Muralha. São Paulo: Global, 2010. p. 51.

Brincando de filosofar

Você sabe o que significa filosofar?
Significa refletir, procurar saber o
que é certo e o que é errado,
conversar sobre o que é bonito
e o que é feio.
Vamos brincar de filosofar?
O que é belo para você?

Trocando ideias

1. Leia a tirinha ao lado e faça como a Mônica: alegre-se com cada novo dia que amanhece!

A Mônica se encantou com o novo dia.

E você? O que deixa você feliz?
Faça um desenho ou cole imagens de coisas que alegram a sua vida. Depois, mostre seu trabalho aos colegas e conversem sobre isso.

Maurício de Sousa/
Maurício de Sousa Produções Ltda.

2. O escritor e poeta Rubem Alves diz que é bom alegrar nossos cinco sentidos.

a) Observe as imagens e converse com o professor e os colegas sobre como podemos despertar nossos sentidos: a visão, o paladar, a audição, o tato e o olfato.

Ilustrações: Leo Fanelli/Arquivo da editora

b) Qual dos cinco sentidos você considera mais especial? Por quê?

_____

_____

3. Muitos artistas são bons observadores. Você se considera um bom observador? Olhe este quadro e escreva tudo o que você vê nele. Depois, converse com o professor e com os colegas sobre o que você observou.

A *árvore* (1984), pintura de Waldemar de Andrade e Silva.

Vamos refletir?

4. Aproveite o momento no pátio ou no jardim da escola para perceber cores, sons, cheiros e sensações. Faça o seguinte:

a) Olhe bem ao seu redor. Quantas cores você está vendo? Escreva o nome delas.

_____

_____

_____

b) Faça um minuto de silêncio. Que sons você escuta? Anote.

_____

_____

_____

c) Você está sentindo algum cheiro? Bom ou ruim? Comente.

_____

_____

_____

d) Você percebe a brisa em seu rosto? Faz frio ou calor? Como você se sente?

_____

_____

_____

e) Na sala de aula, comente com o professor e os colegas tudo o que você viu, sentiu, cheirou e ouviu. Qual dos sentidos você não experimentou?

_____

_____

5. Um dos livros sagrados diz que os olhos são a lâmpada do corpo. Pinte a lâmpada ao lado dos cuidados que devemos ter com nossos olhos.

 Lavar os olhos com cuidado.

 Brincar no meio da poeira.

 Esfregar os olhos sem lavar as mãos.

 Usar óculos quando necessário.

Consultar o médico quando houver algum problema.

Olhar direto para o Sol.

Ter cuidado com objetos pontudos.

Leo Fanelli/Arquivo da editora

Pensando juntos

6. Reúnam-se em duplas e leiam a tirinha abaixo.

Hans e Klaus-Poerner

Agora, conversem sobre as seguintes questões:

a) O que vocês acharam das respostas do Klaus?

b) O que vocês responderiam no lugar dele?

c) Que cuidados vocês têm com os olhos e as orelhas?

d) Vocês apenas **ouvem** ou sabem também **escutar**?

Momento de oração

Agradeça a quem você acredita que criou tantas belezas e lhe deu a capacidade de vê-las e se alegrar com elas.

CAPÍTULO 2

As belezas naturais

Observe bem a beleza desta paisagem.
Você já viu o nascer do sol?
E a lua cheia brilhando no céu estrelado?
E um arco-íris depois da chuva?
Você já ouviu o canto do sabiá?

Fabio Colombini/Acervo do fotógrafo

Parque Estadual da Serra do Mar, em Cunha, estado de São Paulo, 2014.

*Precisamos cuidar
das belezas naturais.*

Dúvidas

Aqueles que não gostam de flores,
aqueles que aprisionam os pássaros,
aqueles que destroem as florestas,
aqueles que envenenam o ar que respiramos,
aqueles que poluem os rios e os mares,
será que aprenderam a admirar as belezas naturais
quando eram crianças como você?

Camila de Godoy/Arquivo da editora

Brincando de filosofar

Na sua opinião, por que muitas pessoas destroem as belezas naturais?

IDEIAS EM AÇÃO

Conta-se que, um dia, Deus derramou uma caixa de tintas e o mundo ficou todo colorido. Use sua criatividade e desenhe no espaço abaixo como ficou o mundo. Depois, pense no que você pode fazer para mantê-lo bonito assim e pratique essas ideias no seu dia a dia.

Trocando ideias

1. Leia e observe a tirinha.

Agora, converse com a turma sobre as seguintes questões, trocando experiências.

a) Você já teve oportunidade de apreciar o nascer ou o pôr do sol?

b) Quem estava com você?

c) Quais foram as principais cores que apareceram?

d) Pinte, com essas cores, o último quadrinho da tirinha do Garfield.

Vamos refletir?

2. Pense e responda.

Você acha justo...

...prender passarinho em gaiola? _____

...destruir flores e árvores? _____

...sujar rios e praias? _____

...poluir o ar que respiramos? _____

3. O que você faz para defender as belezas naturais?

_____

_____

4. Leia o texto a seguir. Depois, escolha no fim do livro alguns adesivos para ilustrar o texto e cole-os no espaço abaixo.

O sol dourado, brilhando no céu,
os passarinhos que voam a cantar,
as árvores do campo, a grama e as flores
e o lindo arco-íris com todas as cores
cantam a Deus alegres louvores.

Ilustrações: Leo Fanelli/ Arquivo da editora

Momento de oração

Você já se lembrou de agradecer pela variedade de alimentos que a natureza oferece? Que tal fazer isso agora, escrevendo uma pequena oração?

_____

_____

_____

CAPÍTULO 3

As belezas criadas pelas pessoas

Observe bem a pintura reproduzida nesta página.

Preste atenção nas cores. Qual foi a cor mais usada?

Essa pintura é uma obra de arte. Muitas obras de arte despertam emoções nas pessoas. Por exemplo: você acha essa pintura alegre ou triste?

Também se faz arte com as palavras, como no poema da página ao lado.

Podemos ainda criar arte fazendo música, teatro, escultura, fotografia, cinema, dança e muito mais.

Reprodução/Galeria Jacques Ardies, São Paulo, SP.

Amarelo (1996), pintura de Ana Maria Dias, que tem muitas obras inspiradas nas paisagens do interior do estado de São Paulo, onde a artista nasceu e passou a infância.

Quem é o artista dos artistas?

Paraíso

Se esta rua fosse minha,
eu mandava ladrilhar,
não para automóvel matar gente,
mas para criança brincar.

Se esta mata fosse minha,
eu não deixava derrubar.
Se cortarem todas as árvores,
onde é que os pássaros vão morar?

Se este rio fosse meu,
eu não deixava poluir.
Joguem esgotos noutra parte,
que os peixes moram aqui.

Se este mundo fosse meu,
eu fazia tantas mudanças
que ele seria um paraíso
de bichos, plantas e crianças.

Poemas para brincar, de José Paulo Paes. São Paulo: Ática, 1997. p. 10.

Brincando de filosofar

O poeta diz:
"Se este rio fosse meu,
eu não deixava poluir."
Pense: de quem são os rios?

Ilustrações: Leo Fanelli/Arquivo da editora

IDEIAS EM AÇÃO

1. Nossas mãos, em geral, são hábeis e jeitosas. Muitas vezes elas dão forma às ideias e fazem surgir belas obras.

a) Pinte com sua cor preferida as palavras que indicam coisas bonitas criadas pelas pessoas.

quadros	árvores	construções
flores	pássaros	músicas
poesias	rios	esculturas
animais	dobraduras	desenhos

Ilustrações: Leo Fanelli/Arquivo da editora

b) Agora, faça com suas mãos um cartão bem bonito e dê de presente a uma pessoa de quem você gosta muito. Você pode enfeitar seu cartão com desenhos ou adesivos.

2. Você conhece algum monumento ou obra de arte em sua cidade? Explique como é, onde fica e procure descobrir quem é o autor.

_____

_____

_____

_____

Vamos refletir?

1. Leia a tirinha abaixo e responda à questão.

Qual desses tipos de arte você faz? Explique.

_____

_____

_____

2. Substitua cada símbolo pela palavra que ele representa e depois releia a frase.

Toda obra de _____

nos fala ao _____

e nos faz _____

da obra da  _____

- coração
- participantes
- criação
- arte

3. Olhe pela janela da sala de aula. Qual a coisa mais bonita que você viu? Escreva aqui.

_____

_____

25

Trocando ideias

4. Que tal descobrir como se faz uma bela pintura?

a) Faça a experiência, pintando o primeiro quadro abaixo com uma só cor. Depois, pinte o outro com quantas cores você quiser e compare-os.

Fábio Sgroi/Arquivo da editora

b) Agora, complete a frase abaixo e comente com o professor e com os colegas:

O quadro de que eu mais gostei foi _____,

porque _____.

CAPÍTULO 4

Você também pode criar coisas belas

Você também pode tornar o mundo mais belo. De que maneira? Praticando algum tipo de arte, como:

escrever histórias, poemas;

fazer teatro;

tocar um instrumento musical;

desenhar, pintar;

dançar e cantar.

Ilustrações: Leo Fanelli/Arquivo da editora

Antonio Diaz/Shutterstock/Glow Images

Tudo isso torna a vida mais gostosa, mais atraente, mais bela e feliz.

Uma bela pintura

Observe bem o quadro.

Quantos anos a criança parece ter?

Como são as roupas que ela está usando?

Como ela está segurando o pombo?

Que cores foram usadas pelo artista?

Você gostou dessa pintura? O que você sentiu ao observá-la atentamente?

Reprodução/Galeria Nacional, Londres, Inglaterra.

Criança com pombo (1901), pintura do artista espanhol Pablo Picasso.

Brincando de filosofar

De que tipo de arte você gosta mais? Por quê?

Trocando ideias

1. Você sabia que pode fazer aparecer as cores do arco-íris? Coloque um CD perto da luz do sol e desenhe o que vê. Depois mostre seu desenho aos colegas e conversem sobre essa experiência.

2. Vamos brincar de produzir sons? Siga as orientações do professor e experimente:

- assobiar;

- cantar;

- imitar o trotar de um cavalo;

- sapatear;

- imitar o barulho da chuva;

- bater palmas;

- batucar com a mão em objetos variados.

Vamos refletir?

3. Dentro de um estojo escolar, os lápis de cor discutiam uns com os outros: cada qual achava que sua cor era a mais bonita e a mais importante.

Ilustrações: Leo Fanelli/Arquivo da editora

a) Na sua opinião, qual é a cor mais bonita?

_____

b) Pinte o lápis abaixo com a cor que você escolheu. Depois, desenhe no balão algumas coisas da natureza que têm essa cor: plantas, flores, frutas, animais, terra, céu, água, etc.

Leo Fanelli/Arquivo da editora

IDEIAS EM AÇÃO

No capítulo anterior, vimos que podemos fazer coisas bonitas com a habilidade de nossas mãos. Vamos fazer uma dobradura?

a) Recorte um quadrado de papel colorido, com 5 centímetros em cada lado.

b) Dobre nas linhas tracejadas, como mostram as figuras.

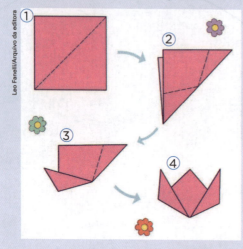

c) Agora, cole sua dobradura no espaço ao lado.

d) Complete o desenho, fazendo o caule e as folhas.

e) Pronto! Você acabou de criar uma flor chamada tulipa!

Momento de oração

Escreva uma pequena oração em agradecimento por sua capacidade criativa.

_____

_____

_____

OLHANDO MAIS LONGE

Leo Fanelli/Arquivo da editora

O belo está em muitos aspectos da natureza. Também está nas cidades, nos monumentos e nos museus que guardam as obras que os artistas criaram.

O belo também está nas pessoas bondosas: "Que belo gesto!". O feio é o contrário: "Que coisa feia ele fez!".

Vamos aprender a contemplar e praticar o belo?

OS CAMINHOS DA VERDADE

Diante do perigo, a pessoa cuidadosa volta; o tolo, porém, vai em frente e se dá mal.

Livro dos Provérbios 22,3

Leo Fanelli/Arquivo da editora

CAPÍTULO 5

Nem tudo que brilha é ouro

As joias podem ser feitas de ouro ou de outros materiais menos valiosos. Às vezes, é difícil saber se um anel, por exemplo, é de ouro ou não. Por isso é que se diz: *nem tudo que brilha é ouro*. É preciso cuidado para não se deixar enganar.

Existe um ditado popular que passa uma ideia semelhante: "Quem vê cara não vê coração".

Isso nos ensina que é preciso conhecer verdadeiramente as pessoas e aprender a reconhecer suas qualidades.

Você já foi enganado alguma vez?

Leo Fanelli/Arquivo da editora

O rei Midas

O ouro sempre foi um metal precioso e valorizado. É o símbolo da riqueza, da realeza e do poder.

O rei Midas pediu a um deus o dom de transformar em ouro tudo em que tocasse.

No começo, ele adorou: pegou uma maçã e ela virou ouro; levantou uma pedra e ela se tornou ouro; pôs a mão num monte de terra e a terra virou ouro, e assim por diante.

Mas, quando o rei quis comer, a comida também virou ouro. Então, Midas devolveu ao deus o ambicioso desejo de transformar tudo em ouro.

É por isso que a Bíblia nos ensina:

Mais vale ter sabedoria do que ouro.

Livro dos Provérbios 16,16

Leo Fanelli/Arquivo da editora

Brincando de filosofar

O que a história do rei Midas nos ensina?

Vamos refletir?

1. Circule as palavras que estão no meio dos símbolos para completar as frases a seguir.

a) Se uma pessoa estranha pedir a você para acompanhá-la, diga educadamente que não pode e não vá, mesmo que ela pareça simpática e amigável, porque...

N♠TQUEMS✚SMVÊZS★XCARAS♣UTNÃO✿▲SNVÊ❖QSRCORAÇÃOYAS

b) Agradeça, mas não aceite doces nem presentes de pessoas desconhecidas, mesmo que pareçam amáveis e educadas, porque...

ZC❖Z♣Z✚ZASMZ★TAY♠ZZAPARÊNCIAS✿ZN▲P✚ZZENGANAMZZZOVZ●Z

2. Agora, escolha uma das frases da atividade anterior para completar a frase a seguir.

Seja educado com as pessoas na rua, mas não converse com estranhos, mesmo que sejam gentis e agradáveis, porque...

_____

_____.

3. Ordene as letras e forme palavras para completar as frases.

• É preciso ficar esperto para não se deixar _____.

E G N A R A N

• As pessoas que enganam as outras são _____.

F A S L A S

• Nem sempre se pode acreditar em tudo o que as pessoas

_____.

L A F A M

4. Às vezes, as aparências enganam também na natureza. Quer ver como?

O camaleão se disfarça mudando de cor.

O bicho-pau se disfarça em meio aos gravetos.

O sapo se disfarça em meio às folhas secas.

Por que será que isso acontece? Converse com o professor e com os colegas e depois responda.

_____

_____

Trocando ideias

5. Leia a tirinha e converse com o professor e os colegas.

a) Por que o camaleão não aparece no desenho?

_____

_____

b) Você já se disfarçou alguma vez? Por quê?

_____

_____

CAPÍTULO 6

Propagandas

A propaganda pode ser prejudicial para as pessoas que não conseguem parar de consumir.

Algumas pessoas são escravas da propaganda e da moda. Estão sempre querendo comprar a roupa anunciada na televisão, um brinquedo novo, o tênis da moda, etc.

Você já observou quantas propagandas aparecem na televisão, nas revistas e nas ruas?

Pense um pouco: será que você precisa mesmo de tudo aquilo que a propaganda oferece?

Julia Metkalova/Shutterstock/Glow Images

Você concorda que não precisamos de muita coisa para viver?

A caneca de Diógenes

Antigamente, havia um filósofo grego que não dava importância aos bens materiais. O nome dele era Diógenes. Ele morava em um tonel e tinha o mínimo para viver.

Tomava água de uma cachoeira com uma caneca.

Um dia, Diógenes viu um menino tomando água com as mãos. Então, jogou fora a caneca e disse: — Também não preciso disso.

Ilustrações: Leo Fanelli/Arquivo da editora

Brincando de filosofar

O que podemos aprender com a atitude de Diógenes?

ATIVIDADES

Vamos refletir?

1. Pensando nas propagandas, responda:

| SIM | NÃO | ÀS VEZES |

a) Você costuma ver propagandas? _____

b) Você acha as propagandas bonitas? _____
   Engraçadas? _____

c) Você fica com vontade de ter tudo o que as propagandas anunciam? _____

d) Você sabe dizer **não** quando é preciso? _____

2. Leia, reflita e complete as frases com as palavras que estão no cata-vento.

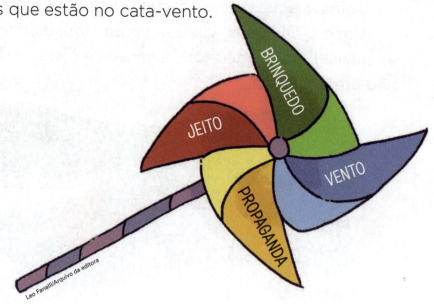

Leo Fanelli/Arquivo da editora

O cata-vento gira conforme sopra o _____.

O consumista compra conforme anuncia a _____.

O cata-vento é apenas um _____ divertido.

O consumismo é um _____ errado de gastar dinheiro.

3. Circle nas frases o que você acha mais importante.

- Os presentes ou as pessoas que nos dão esses presentes?

- Um presente ou um abraço carinhoso?

- Um amigo ou um monte de brinquedos?

4. Vamos pensar! Para o que você diria **SIM** e para o que diria **NÃO**?

_____ ao esforço, _____ à preguiça.

_____ ao consumismo, _____ à generosidade.

_____ ao egoísmo, _____ à partilha.

_____ à bondade, _____ ao desperdício.

Trocando ideias

5. Observe a tirinha, reflita e depois converse com o professor e com os colegas.

Garfield, de Jim Davis. v. 5. Porto Alegre: L&PM Pocket, 2006. p. 46.

a) Qual é a diferença entre o comportamento de Garfield e o do filósofo Diógenes?

_____

_____

_____

b) Você conseguiria viver como Diógenes? Explique.

_____

_____

c) De quantas caixas você precisaria para guardar suas roupas e seus brinquedos?

_____

IDEIAS EM AÇÃO

• Que tal repartir um pouco, como fez esta menina?

GANHEI UMA BICICLETA NOVA, ENTÃO DEI PARA UMA CRIANÇA CARENTE A BICICLETA QUE ESTAVA PEQUENA PARA MIM.

Studio 10ne/Shutterstock/Glow Images

a) Peça à sua mãe ou ao seu pai para ajudar a separar roupas, brinquedos e livros que você não usa mais.

b) Veja se estão em bom estado.

c) Que tal doar essas coisas e alegrar uma criança com isso?

CAPÍTULO 7

A verdade e a mentira

Observe a ilustração:

Carlos está com medo de falar a verdade para a mãe. Você falaria?

Devemos sempre dizer a verdade, assumindo nossos atos e enfrentando as consequências.

Mentir é pior do que sofrer um castigo pelo que se fez de errado. O mentiroso, cedo ou tarde, acaba sendo descoberto. Como diz o ditado popular, "a mentira tem pernas curtas".

A mentira prejudica muito a vida em sociedade. Já pensou se todo mundo começasse a mentir e as pessoas não acreditassem em mais ninguém?

Por isso, o oitavo mandamento da Bíblia é:

Não mentir.

Quem mente demais...

Certa vez, para se divertir, um homem telefonou para o Corpo de Bombeiros e começou a gritar:

— Fogo! Fogo! Venham rápido!

Os bombeiros correram para os caminhões, pegaram a escada de incêndio e as grossas mangueiras. Chegando ao local, não viram fogo nenhum. Voltaram para o quartel.

Alguns dias depois, o engraçadinho repetiu a brincadeira. Novamente, os bombeiros chegaram, mas não viram nada e foram embora. Ficaram aliviados porque não havia fogo, mas zangados por correrem em vão.

O homem se divertia, escondido atrás das cortinas da janela.

Um belo dia, a casa pegou fogo de verdade. O homem telefonou para os bombeiros e gritou:

— Fogo! Fogo!

Mas os bombeiros reconheceram a voz dele e disseram:

— É aquele cara de novo! Mas desta vez ninguém arreda o pé deste quartel.

Resultado: a casa incendiou-se e o homem perdeu tudo o que tinha.

> **Em vão:** à toa, inutilmente.
> **Arredar:** afastar-se, sair.

Adaptado de: *A verdade e a mentira*, de Brigitte Labbé e Michel Puech. São Paulo: Scipione, 2009. p. 15-16.

Brincando de filosofar

Escolha a alternativa correta.

Mentira e verdade são:

a) palavras semelhantes.   b) palavras opostas.

Agora, desenhe no caderno duas coisas semelhantes e duas coisas opostas.

Trocando ideias

1. Converse com o professor e com os colegas sobre as questões a seguir.

- Você acha fácil dizer sempre a verdade?

- Por que às vezes temos tanta vontade de mentir?

- O que acontece com quem costuma dizer mentiras?

2. Você sabia que também existem mentiras inocentes?

Pense naquelas que se contam no dia 1º de abril, dia da mentira, só para fazer brincadeiras divertidas.

Leia as frases abaixo e desenhe uma carinha alegre para as mentiras que você considera inocentes.

Para as outras, desenhe uma carinha zangada.

_____ Olhe! Uma barata no seu pé!

_____ Corra que estão te chamando no portão!

_____ Olhe aí um boi voando!

_____ Sua calça está do avesso!

_____ Olhe só, tem uma cobra no teto!

_____ Castigo: hoje não teremos recreio!

Vamos refletir?

3. Leia as frases e desenhe um coração ao lado daquilo que ajuda você a ser mais feliz.

_____ Ser amável e gentil com as pessoas.

_____ Enganar os outros.

_____ Falar a verdade.

_____ Concordar com as coisas erradas.

_____ Ajudar quando alguém precisa.

_____ Rir de alguém por ser diferente.

_____ Dizer mentiras.

4. Neste capítulo, você tem duas histórias para ler e pensar a respeito. A primeira está no texto "Quem mente demais...", que você vai reler com o professor, e a outra está no texto a seguir.

A flor da honestidade

Um príncipe entregou uma semente para cada menina do reino e disse: "Vocês têm seis meses para fazer brotar uma flor dessas sementes. Aquela que apresentar a flor mais linda será a futura princesa".

Uma das meninas, por mais que cuidasse da semente, nada conseguiu fazer brotar dela. E, quando chegou o dia, lá estava ela com o seu vaso sem flor, ao passo que as outras meninas tinham, cada qual, uma flor mais bela que a outra.

O príncipe observou todas e, após um breve silêncio, falou: "— As sementes que eu dei a vocês eram estéreis e não poderiam produzir flores. Portanto, todas as flores que aqui estão são de outras sementes". E, tomando pela mão a menina sem flor, continuou: "— Esta jovem foi a única que cultivou a semente verdadeira e está mostrando a flor da honestidade. Por isso, ela é digna de se tornar a princesa, pois só a verdade é capaz de irradiar a luz que trará paz e felicidade ao reino".

Sabedoria dos Povos. Equipe do Missão Jovem. São Paulo: Editora Mundo e Missão, 2008. p. 43.

a) Agora que você já leu as duas histórias, responda **SIM** ou **NÃO**:

- O príncipe escolheu a menina certa? _____

- As outras meninas foram falsas? _____

- O homem do trote aos bombeiros mereceu o castigo? _____

- A verdade deve estar em primeiro lugar? _____

b) Escolha a história da qual você mais gostou e faça um desenho sobre ela.

CAPÍTULO 8

O perigo da ignorância

A mãe de Marcos não sabia que leite tem data de validade. Passado o prazo marcado na embalagem, os alimentos fazem mal à saúde.

Marcos aprendeu isso na escola.

> MÃE, O PRAZO DE VALIDADE DESTE LEITE ESTÁ VENCIDO.

Leo Fanelli/Arquivo da editora

Saber é muito importante. Quem não sabe pode ser facilmente enganado.

Na sociedade, existem várias maneiras de enganar quem não tem conhecimento ou informação. Muitos políticos, por exemplo, não são honestos. Mas muitas pessoas, por ignorância, votam neles.

> **Honesto:** aquele que é sincero, em quem se pode confiar.

Por isso, é muito importante aprender a ler, a escrever e saber cada vez mais coisas. Não se para de aprender.

"Só sei que nada sei."

Essa frase foi dita por Sócrates, um filósofo grego, há mais de dois mil anos. O que ela quer dizer?

Ela mostra a humildade daquele filósofo. Sócrates diz que, apesar de saber muita coisa, ainda havia muito mais coisas que ele ignorava.

Louisa Gouliamaki/Agência France-Presse

Vista de Atenas, a capital da Grécia, cidade onde viveu Sócrates.

Quando eles souberem

Os meninos que brincam
talvez não saibam, não,
que há meninos na luta
por um pouco de pão.

Os meninos que estudam
o fazem sem notar
que há meninos sonhando
com poder estudar.

Há meninos com tudo,
a viver muito bem,
que talvez não entendam
por que tantos não têm.

E há meninos vivendo
o momento da paz,
sem sequer perceber
do que a guerra é capaz.

Mas quando eles souberem,
tudo isso vai passar,
pois está nas crianças
o poder de mudar.

Panela no fogo, barriga vazia,
de Maria Dinorah. Porto Alegre:
L&PM, 1997. p. 40.

Brincando de filosofar

Releia os dois últimos versos do poema e responda:

[...]
pois está nas crianças
o poder de mudar.

Você acha que as crianças podem mesmo mudar as coisas erradas
da sociedade? Como?

1. Estas são algumas informações importantes que você precisa saber. Peça a ajuda do seu pai ou da sua mãe para preencher a ficha abaixo com seus dados.

Nome completo: _____

_____

Data de nascimento: _____ Idade: _____

Endereço: _____

_____

Telefone de sua casa: _____

2. Semáforo é um aparelho de sinalização que orienta o tráfego de veículos e de pessoas nas ruas das cidades. Cole abaixo adesivos de semáforos e mostre que você sabe interpretá-los, respondendo: em que momento você pode atravessar a rua? Circule o semáforo correto.

3. Leia as frases abaixo. Depois, escreva cada uma delas como se você estivesse falando.

- Ninguém nasceu sabendo.

_____

- As crianças nasceram para aprender.

_____

- Aprendemos durante nossa vida inteira.

_____

Trocando ideias

4. Converse com o professor e com os colegas sobre as situações a seguir.

O que você faria se...

... uma pessoa desconhecida pedisse sua ajuda para encontrar um gatinho perdido?

... um estranho batesse à porta de sua casa pedindo para usar o telefone?

... você estivesse sozinho na rua e uma pessoa que você não conhece lhe oferecesse carona?

... uma pessoa desconhecida lhe oferecesse doces na rua?

5. De que forma uma pessoa pode vencer a ignorância? Desenhe um sol para as ações que ajudam a superar a ignorância.

☐ Estudar.

☐ Perguntar.

☐ Chorar.

☐ Observar.

☐ Ler.

☐ Ouvir.

☐ Mentir.

☐ Pensar.

☐ Reclamar.

☐ Outras. Quais? _____

_____

_____

Vamos refletir?

6. Leia e pense:

O rei perguntou a um sábio: "Quantos ignorantes há na cidade?". O sábio respondeu: "São muitos! É mais fácil fazer a lista das pessoas sábias. E quem não estiver nela é porque é ignorante".

a) Em qual das listas você gostaria de estar?

_____

b) O que você acha que se deve fazer para estar na lista das pessoas sábias?

_____

_____

c) Faça uma lista de pessoas que você considera sábias.

Leo Fanelli/Arquivo da editora

Pensando juntos

- Com a ajuda do professor, reúnam-se em grupos e preparem um bonito **jogral** com o poema "Quando eles souberem". Depois, cada grupo deve **declamar** seus versos para a turma.

> **Jogral:** grupo de pessoas que declama textos literários com partes individuais e partes coletivas.
> **Declamar:** ler um texto poético em voz alta; recitar.

OLHANDO MAIS LONGE

Navegando no rio Croa, em Cruzeiro do Sul, estado do Acre.

A vida é assim: navegar caminhar, estudar, brincar, crescer, mas nunca esquecer os perigos que cedo ou tarde aparecem.

OS CAMINHOS DA PAZ

• • • • • • • • •

• • • • • • • • •

Paz é união, briga é desunião.
Paz é amor, briga é desamor.

CAPÍTULO 9

A paz entre nós

Você sabe o que é paz?

Paz é tranquilidade, é alegria, é prazer de viver, é felicidade.

Você sabe dizer onde falta a paz?

O que acaba com a paz?

O que você pode fazer para semear a paz?

A pomba é um símbolo da paz.

A bandeira branca também é um símbolo da paz.

O exemplo de Jesus

Jesus, o filho de Deus, foi morto na cruz por ordem das autoridades do lugar em que vivia.

Seus discípulos estavam escondidos em uma casa com medo de que também fossem mortos.

Mas Jesus ressuscitou e apareceu a seus discípulos, dizendo-lhes: "A paz esteja com vocês!".

Foram essas as primeiras palavras de Jesus a seus seguidores, depois de ressuscitar. Em lugar de querer vingança contra aqueles que o assassinaram, Jesus desejou paz.

A paz está em nossas mãos. Precisamos construí-la no dia a dia com nossas atitudes, com nossas ações.

Leo Fanelli/Arquivo da editora

Responda:
Em casa, na escola, entre os amigos, você colabora com a paz?

Discípulos: apóstolos, seguidores de Jesus, aos quais ele transmitiu seus ensinamentos para que os propagassem.
Ressuscitar: voltar a viver.

QUEREMOS A PAZ!

Eu quero...

Eu quero a paz
E a alegria que ela traz
Eu não quero a guerra
Nem as tristezas que ela faz.

Eu quero andar
Pelas ruas, pelas praças
Sem temer.

Eu quero acreditar
Que um dia
Tudo irá mudar.

Eu quero imaginar
Que nosso planeta
Será um planeta de paz.
Que guerra e violência não existirão mais.

Eu quero a paz,
Não quero a violência
Nem a dor que ela traz.

Isabel Godoy. Telêmaco Borba – PR., por correio eletrônico. Disponível em:
<www.pucrs.br/mj/poema-paz-87.php>. Acesso em: 22 maio 2012.

Leo Fanelli/Arquivo da editora

Brincando de filosofar

A autora do poema "Eu quero..." diz:

"Eu quero a paz".

Pense e responda: basta querer a paz? É preciso mais alguma coisa? O quê?

Vamos refletir?

1. Pinte os quadradinhos marcados com um ponto e depois responda:

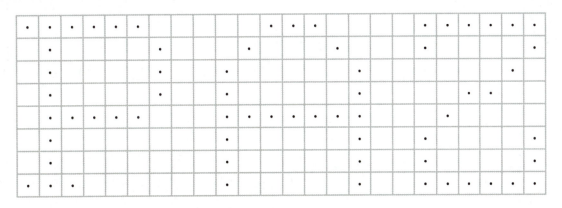

a) O que você descobriu?

_____

b) O que você sabe sobre esse assunto?

_____

_____

_____

2. Você sabia que a paz é um dom de Deus e que ela começa dentro de nós? Desenhe seu coração e, dentro dele, coloque a PAZ, presente de Deus.

3. Agora você já pode dividir a sua paz com as pessoas que ama. Desenhe o coração de cada uma dessas pessoas e encha-os de paz.

Trocando ideias

4. Como você e as pessoas que você ama podem fazer crescer a paz que está em seus corações? Reflita, converse com o professor e com os colegas e depois anote as respostas da turma.

_____

_____

_____

5. Você já observou o que acontece quando uma pessoa joga uma pedra na água? Formam-se ondinhas e mais ondinhas que se espalham até alcançar a margem, não é? Assim também acontece com as nossas ações, boas ou más, sabia? Elas vão alcançando cada vez mais e mais pessoas.

a) Quais ações boas você pode praticar e que alcançariam muitas pessoas?

b) Desenhe uma pedrinha do bem fazendo muitas ondinhas em um lago.

Pensando juntos

Com a orientação do professor, reúnam-se em grupos e, juntos, treinem a leitura do poema "Eu quero..." para ser lido em conjunto, diante da turma.

Momento de oração

Leia e ore. Depois, faça um desenho ao lado da oração.

Senhor Deus!
Ajuda-me a praticar boas ações,
a trabalhar para a paz
e a ser alegre.
Amém.

Provérbios para crianças –
Sociedade Bíblica do Brasil, p. 4.

CAPÍTULO 10

Todos somos diferentes

Rawpixel/Shutterstock/Glow Images

Leia a mensagem que Lauro escreveu a seu primo Felipe, que mora em outra cidade:

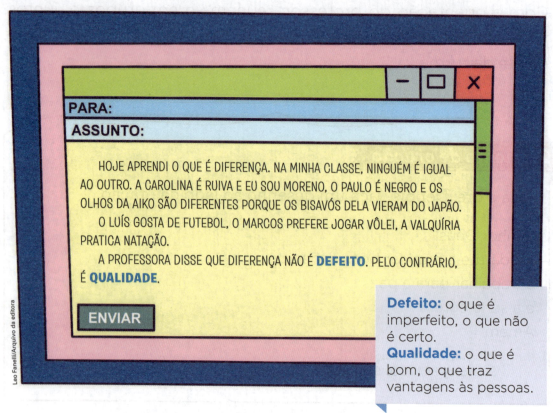

PARA:

ASSUNTO:

HOJE APRENDI O QUE É DIFERENÇA. NA MINHA CLASSE, NINGUÉM É IGUAL AO OUTRO. A CAROLINA É RUIVA E EU SOU MORENO, O PAULO É NEGRO E OS OLHOS DA AIKO SÃO DIFERENTES PORQUE OS BISAVÓS DELA VIERAM DO JAPÃO.

O LUÍS GOSTA DE FUTEBOL, O MARCOS PREFERE JOGAR VÔLEI, A VALQUÍRIA PRATICA NATAÇÃO.

A PROFESSORA DISSE QUE DIFERENÇA NÃO É **DEFEITO**. PELO CONTRÁRIO, É **QUALIDADE**.

ENVIAR

Leo Fanelli/Arquivo da editora

Defeito: o que é imperfeito, o que não é certo.
Qualidade: o que é bom, o que traz vantagens às pessoas.

A humanidade, com suas muitas cores, culturas e religiões, poderia ser melhor e bela como este jardim. Por que não é?

Svilen Georgiev/Shutterstock/Glow Images

A vantagem das diferenças

Se não houvesse diferenças, a vida, as pessoas, as plantas, os animais e todas as paisagens seriam iguais.

Você gostaria de viver em um mundo assim?

Qual é a melhor religião?

Um estudioso das religiões perguntou a um famoso líder religioso:

— Qual é a melhor religião?

— A melhor religião, respondeu ele, é aquela que te aproxima de Deus. É aquela que te faz melhor.

— Mas o que me faz melhor?

— É o que te faz mais sensível, mais desapegado das coisas materiais, mais amoroso, mais responsável.

Adaptado de um diálogo entre Leonardo Boff e Dalai Lama.

Leo Fanelli/Arquivo da editora

Brincando de filosofar

Diante da resposta do líder religioso, o que dizer dos povos que brigam por causa de religião?

Vamos refletir

1. O mundo seria sem graça se tudo fosse igual, você não acha? Então, vamos festejar as diferenças! Ao redor deste balão, desenhe ou cole figuras de pessoas de diversos países, culturas, religiões, classes sociais, idades, etc.

Leo Fanelli/Arquivo da editora

2. Você já ouviu falar de impressão digital? Se você passar tinta no dedo e pressioná-lo contra um papel, deixará sua impressão digital. Ninguém no mundo tem a impressão digital igual à de outra pessoa, sabia?

No espaço abaixo, registre a sua impressão digital e peça a um colega para registrar a dele ao lado. Depois observem as diferenças.

3. Cole uma foto sua e escreva ao lado suas qualidades, ou seja, aquilo de que você mais gosta em si mesmo.

_____

_____

4. Leia o texto abaixo, pense e responda.

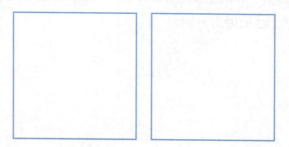

Um ratinho caiu nas garras de um leão. Ele suplicou que o leão o soltasse, pois poderia, um dia, ser útil a ele. O poderoso leão riu, imaginando como o pequenino rato poderia ajudá-lo um dia. Mas soltou-o.

Algum tempo depois, o leão caiu em uma rede de caçadores.

Leo Fanelli/Arquivo da editora

Rugiu tanto que o ratinho o ouviu de longe e foi correndo socorrê-lo. Rapidinho roeu as cordas da rede e o leão ficou livre. Agradeceu o imenso favor do ratinho e, desde então, os dois ficaram amigos, apesar das diferenças.

a) Pinte o ratinho nas frases que combinam com a história.

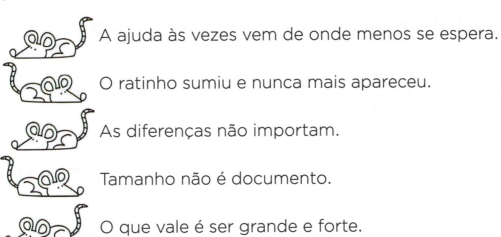

A ajuda às vezes vem de onde menos se espera.

O ratinho sumiu e nunca mais apareceu.

As diferenças não importam.

Tamanho não é documento.

O que vale é ser grande e forte.

b) Desenhe as personagens da história, observando suas diferenças.

Trocando ideias

5. Há um ditado que diz: "Gosto e cor não se discutem".

a) Você concorda?

b) Que outras coisas não deveriam ser discutidas nem comparadas?

6. Para ler, comentar e depois escrever **É VERDADE** ou **NÃO É VERDADE**.

Aqui na minha escola
todo mundo é diferente
Cada um tem seu jeito
O que importa é ir pra frente. _____

Tem criança gorda e magra
Alta, baixa, rica e pobre
Mas todos são importantes
Como prata, ouro e cobre. _____

Na minha escola se aprende
Que não existe perfeição
E o que todos precisamos
É de carinho e atenção. _____

Adaptado de: *Na minha escola todo mundo é igual*, de Rossana Ramos.
São Paulo: Cortez Editora, 2004. p. 4, 12 e 17.

Leo Fanelli/Arquivo da editora

CAPÍTULO 11

O que é tolerância?

Você sabe o que é tolerância?

É uma maneira de se comportar, de viver, de reagir diante do que acontece com a gente.

A tolerância é uma qualidade muito importante.

Quem é tolerante não grita com os outros por qualquer coisa, procura entender as pessoas e suas fraquezas.

As pessoas tolerantes aprenderam a respeitar as diferenças, a maneira de pensar, a religião e o time de futebol dos outros. Em geral são serenas e amáveis.

Os intolerantes, ao contrário, estão sempre prontos a discutir, a brigar, a ofender e humilhar os outros. E isso causa problemas, como a falta de amizade, a raiva, os ciúmes e a inveja.

Leo Fanelli/Arquivo da editora

O exemplo das crianças

A intolerância sempre foi um grande problema em vários países. Em uma ilha da Europa, os habitantes não se entendiam, porque tinham política e religião diferentes. Por causa disso, havia muitas guerras e mortes.

Então, começaram a reunir as crianças dos dois lados para brincar juntas uma vez por mês.

As crianças logo aprenderam que as diferenças são menos importantes do que o prazer da amizade e da união.

Certa vez, uma criança disse a um jornalista sobre o amiguinho de outra religião:

— Ele é igual a mim.

Isso ajudou os adultos a fazer as pazes.

Leo Fanelli/Arquivo da editora

💭 Brincando de filosofar

Ser tolerante não é deixar que os outros abusem da gente. Você concorda? Por quê?

Vamos refletir?

1. Com a ajuda do professor, leia as frases abaixo e complete com **É** ou **NÃO É**. Depois, releia todas as frases.

- Tolerância _____ aceitar as diferenças.

- Tolerância _____ respeitar as opiniões dos outros.

- Tolerância _____ concordar com coisas erradas.

- Tolerância _____ estar de acordo com tudo.

2. Como se comportam as pessoas tolerantes? Desenhe carinhas alegres ou zangadas ao lado das frases.

As pessoas tolerantes...

☐ ... respeitam as diferentes maneiras de pensar.

☐ ... sabem respeitar as religiões.

☐ ... gritam com os outros por qualquer motivo.

☐ ... respeitam quem tem dificuldade de se expressar.

☐ ... implicam com o jeito de ser dos outros.

☐ ... arrumam briga por qualquer coisa.

☐ ... respeitam o time de futebol dos outros.

3. Leia, pense e depois responda:

Sara apareceu na escola com aparelho nos dentes: um nos dentes de cima e outro nos dentes de baixo. Leo, querendo provocar confusão, perguntou: "Quanto custou essa antena?". Sara, com seu jeito educado, explicou: "Isto é um aparelho que puxa os dentes para o lugar certo".

a) Nessa historinha, quem foi tolerante? _____. E quem foi intolerante? _____.

b) Se você participasse da história, o que poderia dizer ao Leo?

_____

_____

E à Sara?

_____

_____

Pensando juntos

4. Vamos brincar de "tolerância já"?

O que você faz quando alguém...

- pisa no seu pé sem querer?

- ocupa o seu lugar por engano?

- esbarra em você?

- fura a fila?

- pega seu lápis ou borracha sem pedir?

a) **Dramatize** cada situação com os colegas e depois comentem.

b) Que conclusão você pode tirar dessa brincadeira?

> **Dramatizar:** termo relacionado ao teatro. É uma forma de representar uma situação ou uma personagem.

Trocando ideias

5. Converse com o professor e com a turma.

O que você diria a um colega que...

- xinga um amigo porque ele torce por outro time?

- ri de um colega por causa de sua maneira de orar?

- despreza o vizinho porque ele veio do interior, da roça?

- ofende um amigo por causa de sua religião?

- zomba de um colega que usa óculos?

- evita a companhia de um colega que tem dificuldades para falar?

Ilustrações: Leo Fanelli/Arquivo da editora

IDEIAS EM AÇÃO

Há situações com as quais não podemos concordar. Faça desenhos para ilustrar cada situação indicada nesta página e na seguinte. Depois, faça um grande X em cima dos desenhos para indicar que aquilo é proibido.

TOLERÂNCIA ZERO, quando uma criança quer...

- ... brincar com fogo:

• ... entrar muito fundo no mar ou na piscina:

• ... ficar com objetos dos outros:

• ... pisar em canteiros da praça:

CAPÍTULO 12

Amor ao próximo

Viver é como participar de um jogo coletivo. Temos sucesso quando todos se esforçam e se preocupam uns com os outros.

É por isso que Jesus nos disse para amar ao próximo como a nós mesmos. Ele resumiu todos os mandamentos de Deus em apenas dois:

Amar a Deus sobre todas as coisas e amar ao próximo como a si mesmo.

Esse é o segredo da felicidade. Infelizmente, muitas pessoas não seguem esses mandamentos. Comportam-se como se só elas existissem. São egoístas, fazem barulho quando não devem, se acham algo que é de outra pessoa não devolvem, são mal-educadas no trânsito, etc.

Há alunos que não respeitam o professor, conversam durante as aulas, e assim prejudicam a todos.

Garotos jogam futebol em Foz do Iguaçu, estado do Paraná, em 2014.

Jung Yeon-Je/Agência France-Presse

Buda, um exemplo de amor

Buda foi um príncipe indiano que morava em um palácio e era muito rico.

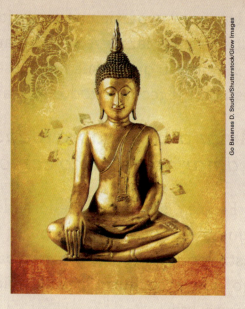

Seus pais não deixavam que ele saísse do palácio para que ele não visse como as pessoas viviam lá fora.

Mas um dia o príncipe saiu e viu que havia pessoas pobres e doentes. Quanto mais caminhava, mais tristeza e sofrimento ele via.

Então, Buda resolveu deixar o palácio e foi ajudar as pessoas a ser felizes.

Isso faz muito tempo, e aconteceu lá na Índia. Mas ainda hoje milhões de pessoas no mundo todo seguem os ensinamentos e a maneira de viver de Buda, conhecidos como *budismo*.

Pense e responda a si mesmo:
Você procura ajudar os outros? Como?

Brincando de filosofar

Escolha uma das alternativas.

Quem não ama ao próximo como a si mesmo faz isso porque:

a) não aprendeu a amar.

b) aprendeu a amar, mas não acredita nisso.

Com qual alternativa você concorda e por quê?

Vamos refletir?

1. Jesus nos deu uma tarefa muito importante. Você sabe qual é? Circule a frase com sua cor preferida.

- Cuidar bem só de nossa vida.

- Amar e ajudar uns aos outros.

- Prestar atenção na aula.

2. Você sabe quando a gente fica mais feliz? Descubra circulando as palavras que estão no meio dos símbolos.

◆ZMZQUANDOÇW♠BDAMOSV◆Z★XALEGRIAGÇ✚

♥YAOSZ◆✱ZOUTROSC❖Ç✚

3. E o que você pode fazer para deixar as pessoas felizes? Desenhe um coração para cada atitude que pode ajudar as pessoas.

☐ Dar carinho e atenção a quem está triste.

☐ Brincar com quem está sozinho no recreio.

☐ Passar pelas pessoas sem olhar para elas.

☐ Ajudar um colega a entender a lição.

☐ Rir de um colega por ele ser tímido.

☐ Sorrir e cumprimentar as pessoas.

IDEIAS EM AÇÃO

1. Tistu é o nome de um menino, personagem do livro *O menino do dedo verde*, do escritor francês Maurice Druon. Em cada lugar onde Tistu encostava o dedo nasciam flores. Sabe o que ele fez? Usou o seu dom para levar alegria a lugares tristes, como hospitais, presídios e países em guerra.

Você quer ajudar o Tistu? Pense em um lugar triste. Você e Tistu vão transformar esse lugar, deixando-o bonito, alegre, cheio de flores e pessoas sorrindo. Mostre em um desenho como ficou.

2. Buda, que era um príncipe, deixou o palácio e foi ajudar as pessoas a ser felizes. Desenhe o príncipe ajudando as pessoas.

OLHANDO MAIS LONGE

RESPEITO ÀS DIFERENÇAS

BONDADE

TOLERÂNCIA

AMOR AO PRÓXIMO

Leo Fanelli/Arquivo da editora

A paz depende de cada um de nós e de todos juntos, de mãos dadas. Só assim conseguiremos um mundo melhor.

OS CAMINHOS DE DEUS

· · · · · · · · · ·

· · · · · · · · · ·

Senhor, mostra-me o teu caminho e eu o seguirei.

Salmo 86,11

CAPÍTULO 13

Por que existem tantas religiões?

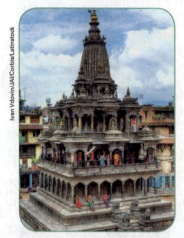

Templo hinduísta.

Procissão católica.

Caaba, espaço sagrado do islamismo.

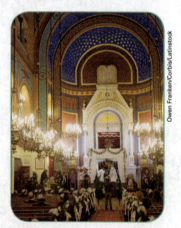

Sinagoga judaica.

Existem muitas religiões no mundo. Você sabe por quê? Porque muitas delas respondem às perguntas que as pessoas fazem sobre a vida na Terra. Por exemplo:

Quem fez o mundo?

Muitas religiões têm livros sagrados, com ensinamentos para uma vida feliz.

De que adianta viver em briga e guerra?

A vida só vale a pena se for vivida em solidariedade, uns ajudando os outros e se preocupando com as necessidades dos outros.

Como viviam os primeiros cristãos?

As multidões perguntavam ao apóstolo João:

— Que devemos fazer?

Ele lhes respondia:

— Se alguém tiver duas túnicas, dê uma a quem não tem; se tiver o que comer, faça o mesmo.

Eles vendiam seus bens para repartir o dinheiro entre todos, de acordo com suas necessidades.

Lucas 3, 10-11 e Atos 2, 45

Leo Fanelli/Arquivo da editora

Brincando de filosofar

Com base no conhecimento que já adquiriu, o que você conclui?

a) As religiões até hoje não conseguiram que as pessoas respeitem e amem umas às outras.

b) As religiões conseguiram isso em parte.

• Você escolheu qual alternativa e por quê?

ATIVIDADES

Vamos refletir?

1. Você sabe o que é **religião**? Para entender melhor, leia e complete as frases, escolhendo as palavras do quadrinho.

viver	pessoas	respostas	Deus

Religião é um conjunto de práticas ou um CAMINHO para...

• ensinar a _____.

• unir as _____.

• encontrar _____.

• chegar a _____.

2. Para completar as frases, escreva a primeira letra de cada desenho.

a) Existem vários caminhos que levam a _____.

b) Esses caminhos se chamam _____.

c) As _____ têm religiões diferentes.

d) Todas as religiões devem ser _____.

e) Todas as religiões ensinam o _____ ao próximo.

Ilustrações: Leo Fanelli/Arquivo da editora

3. Você sabe o nome de sua religião?

a) Pergunte a seus pais ou responsáveis e escreva aqui.

_____

b) Pergunte também como se chama o livro sagrado de sua religião.

_____

_____

c) Faça o desenho do livro sagrado de sua religião e escreva o nome dele na capa. Se sua família não pratica nenhuma religião, desenhe um livro de que você gosta muito e escreva o nome dele na capa.

IDEIAS EM AÇÃO

Que tal fazer um desenho representando o que foi visto neste capítulo? Faça o que se pede.

• Desenhe um caminho.

• Nesse caminho, desenhe marcas de pés de pessoas.

• No final do caminho, escreva com letras grandes a palavra DEUS.

• Nos dois lados do caminho, desenhe coisas belas da natureza.

• Quando terminar, mostre seu desenho aos colegas.

CAPÍTULO 14

Onde está Deus?

Deus está em toda parte. Nós não o vemos, mas podemos sentir e ver o que ele fez e faz por seus filhos.

Podemos sentir a alegria de uma boa ação e ver este mundo cheio de coisas maravilhosas.

Deus também está presente na Bíblia, no Alcorão e em outros livros sagrados.

Mas ele está principalmente no coração das pessoas que amam o próximo como a si mesmas.

Bíblia: livro sagrado da religião cristã.
Alcorão: livro sagrado da religião muçulmana.

Paisagem de outono em Camanducaia, estado de Minas Gerais.

Outras maneiras

Também se chega a Deus
pelo sorriso de uma criança,
pelo perfume de uma flor,
pelo sabor de uma fruta,
pelo canto dos passarinhos,
pela graça dos bichinhos,
pelo nascer do sol,
pelo céu estrelado,
pela imensidão do mar.

O buquê de margaridas (1871), pintura do artista francês Jean François Millet.

Oração dos incas (antigos habitantes do Peru)

Santo, Senhor, Criador da luz
que se levanta.
Quem és?
Onde estás?
Poderei eu ver-te?

No mundo do alto,
no mundo embaixo,
de que lado do mundo
se acha
teu trono poderoso?

No oceano celeste
ou nos mares terrestres,
onde habitas,
Pachacamac, criador dos homens?

Adaptado de: *As mais belas orações de todos os tempos.*
Seleção e tradução de Rose Marie Muraro e Frei Raimundo
Cintra. São Paulo: Pensamento, 2006. p. 11.

Gonzalo Azumendi/AGE/Other Images

Brincando de filosofar

Só quem ama descobre Deus, porque Deus é amor.

1 João 4,8

O que você entendeu ao ler a frase acima, retirada da Bíblia?

a) Só as igrejas cristãs descobrem Deus.

b) Todas as religiões encontram Deus, desde que ensinem seus fiéis a amar.

ATIVIDADES

Vamos refletir?

1. Olhe só que boa notícia!

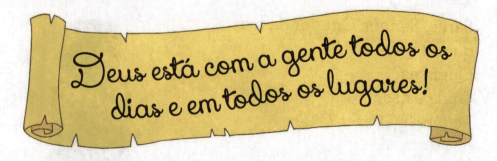

Deus está com a gente todos os dias e em todos os lugares!

a) Você gostou dessa notícia? _____.

b) Enfeite o espaço ao redor da notícia notícia para deixá-la bem alegre.

c) Para quem você vai mostrar essa notícia, assim enfeitada?

_____.

d) Deus é conhecido por nomes diferentes nas diversas religiões.

Em sua família, como Ele é chamado? _____.

2. Há coisas que a gente não vê. Muitas delas existem, outras, não! Leia a lista a seguir e pense sobre ela.

- Ar e vento
- Fantasmas
- Tristeza e saudade
- Ogros, fadas e duendes
- Dor, frio e fome
- Amor e amizade
- Vampiros e lobisomens
- DEUS

Ilustrações: Leo Fanelli/Arquivo da editora

a) Agora risque dessa lista o que você acha que não existe.

b) Circule ou pinte o que você acha que existe. Depois, reflita e converse sobre isso com o professor e com os colegas.

3. Você sabia que há coisas que nossos olhos não veem, mas que existem de verdade? Encontre-as e circule-as no quadro abaixo.

flores	gentileza	cheiros	água	calor
estrela	lápis	barulho	nuvem	dor
bondade	sapato	vento	sorriso	cores
chuva	fome sol	lágrimas	medo	Deus

4. As obras de Deus estão em toda parte. Observe os desenhos e complete a cruzadinha.

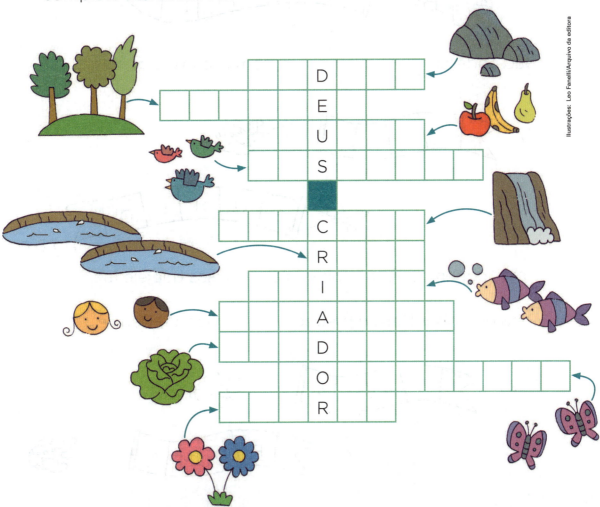

Ilustrações: Leo Fanelli/Arquivo da editora

5. Observe bem e complete as frases. As palavras-resposta estão escritas de trás para a frente.

• Deus está presente na _____, no _____

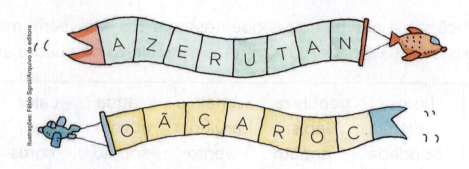

das pessoas e nos _____ sagrados.

• Não podemos ver _____ com nossos _____

mas podemos ver as coisas maravilhosas que ele faz.

• Para descobrir Deus é preciso _____ porque Deus é _____.

Trocando ideias

6. Leia o texto com atenção e depois faça o que se pede.

Leo Fanelli/Arquivo da editora

Um homem disse:
"Deus, fale comigo!". E um passarinho cantou.
Mas o homem não ouviu.

O homem olhou em volta e falou:
"Deus, deixe-me ver você!". E uma estrela
brilhou no céu, mas o homem não a notou.

Então, o homem pediu: "Deus, deixe-me sentir
que você está comigo!". E uma borboleta
pousou em seu ombro. Mas o homem
espantou-a com a mão.

E, depois disso, saiu andando, triste, sozinho,
com medo.

Adaptado de: *Contos que encantam – 100 histórias que educam para a vida.*
Equipe do jornal *Missão Jovem*. São Paulo: Mundo e Missão, 2006. p. 54.

a) Reflita com o professor e com os colegas:

- Deus atendeu os pedidos do homem? De que formas?

- O homem entendeu as respostas de Deus? Explique.

b) Releia a "Oração dos incas" (página 91) e compare-a com
os pedidos desse homem. Você acha que eles se parecem?
Em quê?

_____

_____

_____

CAPÍTULO 15

Olhar e ver

Quando a gente sai por aí, olha várias coisas, mas ver, mesmo, vemos apenas aquilo que chama muito a nossa atenção. Por exemplo: uma pessoa acidentada, um amigo, e assim por diante.

Quem aprende a ver aprende a pensar no que é verdadeiro, a distinguir o verdadeiro do falso.

Os pais não olham os filhos, eles os veem. Quem ama vê o que os outros necessitam, vê com o coração.

Pôr do sol na praia do Ribeirão da Ilha, em Florianópolis, estado de Santa Catarina.

"Só se vê bem com o coração".

Saint-Exupéry, escritor francês.

O bom samaritano

Jesus contou uma história que mostra bem a diferença entre ver e olhar.

Alguns religiosos iam rezar na igreja. No caminho, encontraram um homem caído que tinha sido roubado e ferido por bandidos. Olharam o homem, mas não pararam. Pouco depois passou um homem que parou, cuidou dele e o levou para um lugar seguro para ser tratado.

Quem olhou o homem ferido? Quem viu o homem ferido?

Leo Fanelli/Arquivo da editora

A beleza e o lixo

Uma mulher que vivia perto da minha casa mandou cortar um ipê que florescia à frente de sua casa porque ele sujava o chão, dava muito trabalho para a sua vassoura. Seus olhos não viam a beleza. Só viam o lixo.

Adaptado de: A complicada arte de ver, de Rubem Alves.
Folha de S.Paulo, 26 out. 2004.

Geraldo Gomes/Opção Brasil Imagens

Brincando de filosofar

O que você tem mais costume de fazer: olhar ou ver? Explique.

_____

_____

_____

Vamos refletir?

1. Agora você já sabe que há diferença entre **olhar** e **ver**. Mostre que entendeu e complete as lacunas.

a) Um bebê já sabe _____ sem que lhe tenham ensinado.

b) Mas para saber _____ é preciso treinar.

c) Muitas vezes, a gente _____ mas não vê.

d) Podemos olhar para uma pessoa e não _____ a cor da sua roupa.

2. Há coisas que só podemos ver bem com o coração. Você vai achar algumas delas neste caça-palavras. Circule-as e depois escreva cada uma delas nas linhas abaixo.

P R F B O N D A D E Q A
G E N T I L E Z A R M X
P S A U D A D E T F N O
R V S T R I S T E Z A R
V E R G O N H A M X Q T
F N P S A L E G R I A X

Camila de Godoy/Arquivo da editora

_____   _____

_____   _____

_____   _____

3. Uma pessoa alegre nem sempre está rindo, e uma pessoa triste nem sempre está chorando. Reflita sobre isso com sua turma.

a) Como **ver** que uma pessoa está alegre?

b) Como **ver** que uma pessoa está triste?

c) Comente as dificuldades de uma pessoa que é deficiente visual.

d) Alguém em sua família usa óculos? Por quê?

e) Será que existem "óculos" para o coração?

Leo Fanelli/Arquivo da editora

4. O mar tem belezas que muitas vezes **olhamos**, mas nem sempre **vemos**. Procure algumas dessas belezas neste caça-palavras e, da próxima vez que você for à praia, observe-as bastante.

areia   ondas   água

espuma   peixes

estrela-do-mar   conchas

```
F G H J D S P L K J H B V C X Z R F E
L X R A R E I A X K R S Q O N D A S L
X L A S D F G E N Á G U A R S G U V X
E S P U M A F L X N K S T P E I X E S
A S D F G H J K L Z X C V B N L I N F
D L T E S T R E L A - D O - M A R F J
P O I U Y T R E W Q L K J H G F D S A
F C V B R T C O N C H A S J T R V Z L
M N B V C X Z L K J H G F D S A O I U
```

IDEIAS EM AÇÃO

Esta atividade pode ser feita na escola ou em casa. Combine com o professor e divirta-se!

Você já brincou de fazer bolhas de sabão? Experimente fazê-las na luz do Sol. Vai ser uma festa para seus olhos! Depois, desenhe o que você viu.

Momento de oração

Escreva uma pequena oração agradecendo pela sua capacidade de **olhar** e **ver**.

_____

_____

_____

_____

CAPÍTULO 16

Amar como Deus ama

Talvez sua família pratique uma religião e frequente um lugar destinado ao culto.

Talvez sua família pertença a uma religião, mas vá pouco à igreja, ou a outro lugar de orações e cerimônias.

Talvez sua família não pratique nenhuma religião.

O importante é aprender a amar: seja por meio da religião, da leitura de livros sagrados, seja pela convivência em família, na escola e nos locais onde vivemos.

Leia a mensagem que Deus nos deixou por meio da Bíblia.

Amem-se uns aos outros
como eu tenho amado vocês.

João 13,34

Muçulmanos de Jacarta, na Indonésia, realizam o 'tarawih', oração que marca a véspera do mês sagrado no calendário islâmico, o Ramadã. Foto de 2014.

Romeo Gacad/Agência France-Presse

A caixinha

Luiza, de cinco anos de idade, levou uma bronca do pai porque usou um pedaço do papel que ele comprara para embrulhar os presentes de Natal. Ela colou o papel em uma caixinha, guardada há muito tempo em seu armário.

Na véspera de Natal, ela colocou sua caixinha entre os outros presentes. Na hora de distribuí-los, entregou-a ao pai:

— É pra você, papai — disse Luiza.

Nesse momento, o pai se arrependeu de ter brigado com a filha. Mas, ao abrir a caixinha, voltou a ficar bravo porque ela estava vazia, não havia nada dentro.

— Por que você usou o papel para embrulhar uma caixa vazia? — perguntou ele, irritado.

A menina, com lágrimas nos olhos, respondeu:

— Não está vazia, não, papai. Eu soprei beijos dentro dela pra você.

O pai abraçou a filha e lhe deu muitos beijos. Depois, disse-lhe:

— Filhinha, você me deu o melhor presente deste Natal!

Avelino Antônio Correa

Brincando de filosofar

Escolha a alternativa que você considera mais correta.

a) O ensino do amor é só das religiões.

b) O ensino do amor não é só das religiões.

Agora, como bom filósofo, defenda sua opção.

Vamos refletir?

1. Pinte os corações que explicam o que é amar.

2. Pense na alegria de dar e receber amor e escreva nos quadrinhos os nomes de:

Pessoas a quem você dá amor

Pessoas de quem você recebe amor

3. Nem todas as pessoas recebem amor e nem todas dão amor. Há pessoas esquecidas e abandonadas, sabia?

Cole uma figura que mostre pessoas nessas condições e depois complete as frases.

• Todas as pessoas do mundo merecem ser _____.

• Ninguém perto de nós deve ficar sem _____.

• Onde há _____ há mais alegria e felicidade.

• Todos nós somos _____ e queridos por Deus.

• O verdadeiro _____ não exclui ninguém.

• A maior força do mundo é o _____.

4. Você sabe como Deus ama? Desenhe um coração para o que combina com o jeito como Deus ama.

_____ Proteger os menores.

_____ Estar ao lado de quem é mais fraco.

_____ Ajudar só os amigos.

_____ Dar atenção a quem é doente.

_____ Ajudar quem precisa de ajuda.

_____ Preferir quem é mais rico e mais forte.

_____ Incluir quem está isolado.

_____ Defender quem está indefeso.

Trocando ideias

5. Para discutir com a turma:

Pelo nosso jeito de amar
podemos o mundo melhorar!

a) Você concorda? Explique.

b) Você consegue imaginar um ambiente onde as pessoas só brigam?

c) Você sabe qual é o contrário de **amar**?

d) O que faz uma pessoa que ama?

e) Você conhece alguma criança que não tem brinquedos?

f) Que tal emprestar ou doar alguma coisa sua? Pense nisso!

OLHANDO MAIS LONGE

BELEZA
VERDADE
PAZ DEUS

A vida é um labirinto. Mas quem quer encontra os caminhos que levam à felicidade.

COMEMORAR PARA CRESCER

Leo Fanelli/Arquivo da editora

DIAS ESPECIAIS

Em nosso calendário, temos, todos os meses, datas e acontecimentos especiais que merecem ser lembrados e, alguns deles, comemorados.

Pensando em você, caro aluno, selecionamos algumas dessas datas para trazer alegria e reflexão para a sala de aula e, principalmente, chamar sua atenção para a solidariedade e o amor ao próximo.

Leo Fanelli/Arquivo da editora

Campanha da Fraternidade — MARÇO

Dia 5: Páscoa
Dia 19: Dia do Índio — ABRIL

Dia 20: Dia do Amigo — JULHO

Dia 25: Natal — DEZEMBRO

Divali — OUTUBRO

Dia 21: Dia da Paz e da Não Violência — SETEMBRO

Campanha da Fraternidade

Durante a Quaresma

Monkey Business/Shutterstock/Glow Images

Todos os anos, antes da Páscoa, os cristãos promovem a Campanha da Fraternidade.

É como um grande mutirão em que todos são convidados a abrir o coração e olhar com mais amor para as outras pessoas.

Mutirão: conjunto de pessoas que se reúnem para realizar uma mesma tarefa em conjunto.

Ser fraternal quer dizer ser irmão. Todas as religiões ensinam a importância de ser fraterno. E ser fraterno significa amar, ajudar os outros, perdoar, pedir perdão e ser amigo.

Lição de fraternidade

Aconteceu há alguns anos, nas Olimpíadas Especiais de Seattle, nos Estados Unidos: nove participantes, todos portadores de necessidades especiais, alinharam-se para o início da corrida de 100 metros rasos.

Ao sinal de largada, os pequenos atletas partiram com vontade de dar o melhor de si. Entretanto, um garoto tropeçou, caiu e começou a chorar. Os outros oito ouviram o choro, diminuíram os passos, olharam para trás e voltaram ao início.

Uma das meninas, com síndrome de Down, ajoelhou-se perto do colega, deu-lhe um beijo e disse: "Pronto, agora vai sarar".

Em seguida, os nove, em uma bela demonstração de fraternidade, deram-se as mãos e andaram, calmamente, juntos até a linha de chegada. O estádio inteiro levantou e bateu palmas, durante vários minutos.

Histórias de Vida – Parábolas para refletir, de Dom Itamar Vian e Frei Aldo Colombo. 2. ed. São Paulo: Paulinas, 2005. p. 126.

ATIVIDADES

Pensando juntos

1. Que tal organizar um gesto de fraternidade? Vocês podem visitar um Lar de crianças, de idosos, ou uma família carente. Converse sobre isso com o professor e com a turma e planejem a visita. Depois, escrevam como foi a experiência.

_____

_____

_____

_____

_____

Vamos refletir?

2. Leia as frases e responda **SIM** ou **NÃO**.

É sinal de fraternidade...

• ajudar as pessoas que precisam de ajuda? _____

• crianças brincando unidas? _____

• gente passando fome e vivendo em barracos? _____

• repartir o lanche com quem não trouxe? _____

• discutir e brigar? _____

• emprestar seus objetos?

_____

Leo Fanelli/Arquivo da editora

3. O que você aprendeu de bom com a história "Lição de fraterni-dade"?

_____

_____

_____

_____

_____

IDEIAS EM AÇÃO

Desenhe você praticando um ato de fraternidade.

Páscoa

Março ou abril (festa móvel)

A Páscoa é uma festa comemorada pelos cristãos e pelos judeus, mas com diferentes significados.

Os cristãos comemoram a ressurreição de Jesus. *Ressuscitar* quer dizer *voltar a viver*. Por isso, a Páscoa dos cristãos é a *festa da vida*.

Para os judeus, Páscoa significa *passagem*. É a festa que celebra a passagem do povo judeu da escravidão para a liberdade.

Todos, cristãos e judeus, comemoram essa data com muita alegria, cantos e orações.

Missa de Páscoa em igreja católica de Paris, França, em 2013.

Celebração da Páscoa judaica em Katmandu, no Nepal, em 2014.

Vamos refletir?

1. Como você e sua família celebram a Páscoa? Desenhe.

2. Circule com sua cor preferida a resposta certa.

a) O que se costuma dizer às pessoas na Páscoa?

Leo Fanelli/Arquivo da editora

b) Na língua dos judeus, Páscoa quer dizer:

Passeio

Pessoa

Passagem

Ilustrações: Leo Fanelli/Arquivo da editora

c) Ressuscitar significa:

Voltar a viver

Ficar doente

Festejar

3. Ajude o coelho a passar longe das coisas ruins e encontrar os verdadeiros ovos de Páscoa.

Dança do Toré

Qualquer dia do ano
19 de abril, Dia do Índio

Festejar a vida! Esse é o sentido do Toré, uma dança dos índígenas da etnia Pankararu. Muito deles vivem em Pernambuco, no Nordeste brasileiro.

Todos participam da dança com grande animação. O Toré é dançado ao ar livre, batendo o ritmo com os pés e ao som de chocalhos e do coro de vozes dos dançarinos.

A dança do Toré é realizada em qualquer época do ano, para expressar a alegria de viver e manter vivas a cultura e as tradições do povo. Muitas vezes, os indígenas passam o dia e a noite dançando.

Indígenas da etnia Pankararu que vivem na cidade de São Paulo preservam seus costumes, como a dança do Toré.

Todo dia é dia de índio

O Dia do Índio, 19 de abril, foi instituído não só para recordar suas lendas, seus mitos, danças e histórias, mas, principalmente, para lembrar a todos que eles são gente como nós.

Os indígenas devem ter seus direitos respeitados, e todos nós devemos nos empenhar para que seus problemas sejam resolvidos.

A terra é essencial para os indígenas porque ela é a garantia de sua sobrevivência. Por essa razão, os indígenas têm imenso amor e respeito por ela e a tratam sempre muito bem.

Meninas indígenas da etnia Kalapalo abrindo frutos de pequi na Aldeia Aiha em Querência, no estado de Mato Grosso.

Leia os versinhos feitos por um indígena da tribo Pataxó, que vive no sul da Bahia:

"Índio pisa a terra com carinho.
Pisa onde não tem espinho,
conhece as pedras do caminho,
e conhece o seu vizinho."

Educando para a vida – Reflexões e propostas para as datas mais importantes do ano, de Mauri Heerdt e Paulo de Coppi. 2. ed. São Paulo: Mundo e Missão, 2005. p. 48.

ATIVIDADES

Vamos refletir?

1. Que sentido tem a dança do Toré para os indígenas?

_____

_____

2. Em que ocasiões você pode festejar a vida?

_____

_____

3. Descubra no diagrama cinco valores relacionados à dança do Toré.

F V R T A M I Z A D E T V L
S R E S P E I T O R S N J S
J K M R L N U N I Ã O V T R
A L E G R I A N F G J I L T
X F G J L N T V S R M Q V S
M S P A R T I C I P A Ç Ã O

Leo Fanelli/Arquivo da editora

Trocando ideias

4. Para discutir com a turma e depois responder.
O que é mais importante na comemoração do Dia do Índio?

_____

_____

_____

_____

_____

Dia do Amigo

20 de julho

Garotos se divertem com jogo de tabuleiro em Tolima, cidade da Colômbia.

Margie Politzer/Lonely Planet/Getty Images

A amizade é uma das coisas mais bonitas da vida. E fazer amigos é uma aventura maravilhosa.

Amigo é diferente de colega, você sabia? Colegas são legais, mas nem sempre se pode contar com eles. Já um amigo está sempre disposto a ajudar e quase adivinha do que precisamos.

Um amigo gosta sinceramente de estar conosco, não só nas brincadeiras e nos momentos alegres, mas também quando estamos tristes.

É por tudo isso que se diz: "Quem encontrou um amigo encontrou um tesouro".

Amigo é para todas as horas

O filho perguntou à mãe:

— Mãe, posso ir ao hospital ver meu amigo?

A mãe respondeu:

— Claro! Mas o que ele tem?

O filho, com a cabeça baixa, diz:

— Tumor no cérebro.

Então, a mãe, preocupada, fala:

— E você quer mesmo ir? Você nem ao menos pode ajudá-lo!

O filho, sem dizer nada, dá um beijo na mãe e sai. Horas depois ele volta vermelho de tanto chorar, e diz:

— Ai, mãe, foi tão triste! Ele morreu na minha frente!

A mãe, enternecida, responde:

— E você acha que valeu a pena ter ido lá?

Sorrindo em meio às lágrimas, o filho diz:

— Valeu, sim, mamãe! Pois quando cheguei lá ele sorriu e disse: "Eu tinha certeza que você viria!".

Sabedoria dos Povos – 100 histórias, contos e fábulas. Equipe do jornal *Missão Jovem.*
São Paulo: Mundo e Missão, 2008. p. 50.

Leo Fanelli/Arquivo da editora

ATIVIDADES

Vamos refletir?

1. Desenhe um grande coração e escreva dentro dele os nomes dos seus amigos e das suas amigas.

2. Pense e responda.
O que você mais gosta de fazer em companhia dos seus amigos?

_____

_____

_____

Trocando ideias

3. Você costuma visitar seus amigos quando eles estão doentes? Conte aos colegas e pergunte se eles fazem o mesmo e por quê.

IDEIAS EM AÇÃO

Que tal fazer um lanche comunitário para comemorar o Dia do Amigo? Conversem com o professor e planejem a data, o local e o que cada um pode trazer.

Dia da Paz e da Não Violência

21 de setembro

PAZ! Uma palavra tão pequenina e de tão grande significado! Neste dia especial, somos todos convidados a pensar na paz e a colaborar com sua busca.

Mas, afinal, o que é a paz? Será apenas ausência de briga, de guerra, de violência contra outras pessoas e animais? Não! A paz é muito mais do que isso. Quando Jesus disse: "Eu vos dou a minha paz", ele nos deu o mais magnífico dos presentes.

A paz é um completo bem-estar, uma sensação de tranquilidade, satisfação, calma e sossego. É estar de bem com as pessoas, consigo mesmo, com a vida, com a natureza e, acima de tudo, com Deus.

Ter paz é ser feliz. É isso que todas as pessoas desejam e procuram.

Você pode ser um construtor ou uma construtora da paz, sabia? Basta ter vontade e descobrir o que fazer.

Leo Fanelli/Arquivo da editora

O lenço branco

Após um desentendimento, o filho saiu de casa. Algum tempo depois, pensou em voltar, mas tinha medo de não ser aceito. Escreveu então uma carta:

"Pai, quero voltar, mas tenho medo de não ser perdoado. Por isso, peço-lhes um sinal. No próximo domingo, passarei em frente de casa. Se vocês estão dispostos a me perdoar, ponham um lenço branco na árvore em frente da casa, como sinal de paz".

Chegou o domingo. O jovem, nervoso, tomou o ônibus e, quando estava chegando perto, fechou os olhos e se abaixou. Perguntou ao passageiro do lado:

— Já chegamos na esquina?

— Sim.

— Você vê uma casa verde com porta marrom?

— Sim.

— Está vendo uma árvore na frente dela?

— Sim.

— Tem algum lenço branco amarrado nessa árvore?

A outra pessoa não respondeu. O coração do jovem batia forte. O ônibus continuava seu caminho e o moço repetiu com angústia:

— Por favor, observe bem se há um lenço branco.

— Sim — respondeu o homem. Eu vejo, não só um, mas muitos lenços brancos. Na verdade, quase não se vê a árvore de tanto pano branco!

Vivendo e Aprendendo – Histórias para o dia a dia. Equipe do jornal *Missão Jovem.* São Paulo: Mundo e Missão, 2002. p. 33.

ATIVIDADES

Vamos refletir?

1. A paz é representada por vários símbolos. Descubra-os no meio destas palavras e circule com sua cor preferida.

> pedra   lenço branco   espada   vara
>
> pombinha   nuvem   Sol   bandeira branca

2. Circule o que é preciso fazer para ter paz no grupo. Depois, risque o que atrapalha.

- Ser gentil.
- Discutir com os outros.
- Empurrar os outros na fila.
- Ajudar a quem precisa.
- Emprestar seus objetos.
- Gritar com os outros.
- Pedir desculpa.
- Tratar bem as pessoas.
- Pegar o material dos outros sem pedir.
- Agradecer.
- Dizer "com licença" e "por favor".
- Chamar os outros por apelidos.
- Manter os ambientes limpos e em ordem.
- Excluir alguém das brincadeiras.
- Respeitar colegas e professores.
- Cumprimentar gentilmente as pessoas.

Trocando ideias

3. Em sua opinião, o que significou, para o rapaz, a árvore cheia de lenços brancos? Conte aos colegas e depois ouça o que eles têm a dizer.

IDEIAS EM AÇÃO

Vamos confeccionar a árvore da história? Com a orientação do professor, tragam um galho, sem folhas, com vários ramos, e o coloquem na sala de aula, plantado em uma lata com areia e pedras. Depois, amarrem nele muitos lencinhos brancos. Vai ficar lindo! Não se esqueçam de dar nome à árvore. Ela vai ajudá-los a lembrar da importância do perdão, da paz e do amor.

- No espaço abaixo, desenhe a árvore que vocês fizeram.

O Divali

Mês de outubro

Asianet-Pakistan/Shutterstock/Glow Images

Meninas acendem lamparinas durante a festa do Divali, no Paquistão.

O Divali é uma alegre festa dos hindus, que são seguidores de uma religião chamada hinduísmo. A maioria deles mora na Índia, um país muito longe daqui.

O Divali também é chamado de Festa das Luzes e comemora a vitória do bem sobre o mal. Milhares de lamparinas são acesas nas janelas das casas e em volta dos templos, para espantar a escuridão.

Estouram-se bombinhas e soltam-se foguetes para comemorar a vitória do bem.

ATIVIDADES

IDEIAS EM AÇÃO

Vamos imaginar um Divali em nossa classe? Faça de conta que a moldura abaixo é sua sala. Desenhe muitas lamparinas nela para deixá-la bem iluminada e alegre.

Vamos refletir?

Descubra as coisas boas que estão triunfando sobre as coisas ruins em sua turma e complete:

a) O _____ vence a preguiça.

b) A _____ vence a distração.

c) A _____ vence a briga.

d) O _____ vence o egoísmo.

e) A _____ vence a tristeza.

f) A _____ vence a desordem.

Leo Fanelli/Arquivo da editora

Natal

25 de dezembro

No Natal, os cristãos comemoram o nascimento de Jesus. Em sinal de alegria, as pessoas enfeitam as casas e as ruas com muitas luzes coloridas, guirlandas, bolas, sinos, estrelas, anjos, velas e pinheirinhos.

É um dia de orações em comunidade, de ceia em família, troca de presentes e muita alegria.

As pessoas costumam reunir-se, abraçar-se e desejar Feliz Natal umas às outras para lembrar o grande aniversariante, que é Jesus, o Filho de Deus.

Guirlanda: enfeite em forma de coroa, feito com flores, bolinhas de natal ou outros objetos.

G. Evangelista/Opção Brasil

Presépio feito de argila pintada, peça de artesanato de Pernambuco.

130

O Natal de Pedrinho

Era véspera de Natal. Pedrinho acordou muito contente, pois estava chegando o dia do aniversário de Jesus. O menino esperava ansiosamente para olhar o seu pé de meia que estava em frente à porta, pois não tinha pinheirinho.

Na manhã de Natal, notou que seu pé de meia não estava lá, e que também não havia presente. Seu pai, que estava desempregado, observava o filho.

Desolado, Pedrinho falou:

— O Papai Noel esqueceu-se de mim, pai.

E, abraçando o pai, começou a chorar.

— Não, meu filho — disse o pai —, fique tranquilo, pois o Papai Noel não se esqueceu de você! O seu presente está lhe abraçando agora e vai levar você para um dos melhores passeios da sua vida!

— Está bem, papai! Mas para onde iremos?

— Primeiro vamos à igreja e depois iremos passear no parque.

Assim aconteceu. Primeiro celebraram o nascimento do Menino Jesus, na igreja, e depois brincaram no parque durante o dia todo.

À noite, Pedrinho rezou assim:

— "Meu amigo Jesus, quero lhe agradecer o presente que você me deu, que são os meus pais. Desejo que todos os Natais sejam como este. Pois descobri que o verdadeiro presente não é feito de brinquedos, mas de pessoas que nos amam e que amamos".

Histórias que ensinam. Equipe do jornal *Missão Jovem.* São Paulo: Mundo e Missão, 2003. p. 115.

Ari Nicolosi/Arquivo da editora

ATIVIDADES

Vamos refletir?

- Leia, reflita e complete as frases com as palavras que estão na guirlanda.

Leo Fanelli/Arquivo da editora

a) Hoje tudo é festa! Hoje tudo é _____!

b) É Natal, é _____!

c) Toda a natureza _____ neste dia.

d) É Natal, nasceu _____. Quanta _____!

IDEIAS EM AÇÃO

1. Desenhe um enfeite ou símbolo de Natal de que você gosta muito.

2. Use sua criatividade e, com a orientação do professor, faça um bonito cartão de Natal para sua família.

CANTINHO DAS CANÇÕES

SEJA BEM-VINDO

Verônica Firmino

Seja bem-vindo, ô, ô, ô!
Seja bem-vinda, ah, ah, ah!

Que bom que você veio, é bom nos encontrar! (2×)
A nossa amizade nós vamos festejar (2×)

O amor e a alegria nós vamos partilhar (2×)
A fé e a esperança nós vamos celebrar (2×)

CD Vamos animar e celebrar – Paulinas/Comep – faixa 1

Leo Fanelli/Arquivo da editora

NATUREZA É VIDA

Oswaldo Biancardi

Um pássaro, um rio, uma flor
A cachoeira, a brisa e o mar
Um caminho, a relva, um campo
A vida não pode acabar.

Toda vez que se corta uma árvore
Se destrói um pedaço da flora
Quando o ar se mistura à fumaça
É a fauna que morre e que chora.

Vamos fazer nossa parte
Mudando a mentalidade
E, quem sabe, um dia
Traremos o campo pra nossa cidade.

Mãe natureza, natureza é vida
Esse é o caminho, é a nossa saída

CD Priscila – mundo criança – Paulinas/Comep – faixa 7

Leo Fanelli/Arquivo da editora

AS CORES DO MUNDO NOVO

Reginaldo Veloso

Eram doze meninos tão vivos
Doze folhas de papel
Eram doze lápis de cores
Tão bonitos como o céu

Cada um pegou sua folha
E um lápis de cor também
Começaram os seus desenhos
Algo viram, não lhes convém
Uma casa, um Sol, um jardim
Tudo azul, mas que graça tem?
Um coqueiro, um céu, um cãozinho
Só vermelho, não vai nem vem!

Dá-me o teu, que te passo o meu
Diz Pedrinho à Luizinha
Cor de laranja fica o teu Sol
E azul a tua casinha
Toma o meu que é amarelo
Pega o verde e me dá o rosa
Vê que as flores estão mais bonitas
Que a casinha está mais formosa

E os lápis lá vão passando
E se multiplicam as flores
Céu azul e cãozinho marrom
E um jardim de todas as cores
Olhem lá, mas que maravilha
Vejam só o que enfim se deu
Mãos e cores se entrelaçam
E o milagre aconteceu!

CD Sonho de menino – Paulinas/Comep – faixa 8

Leo Fanelli/Arquivo da editora

DEUS NOS ABENÇOE

Zé Vicente

Deus nos abençoe, Deus nos dê a paz
A paz que só o amor é que nos traz

A paz na nossa vida, no nosso coração
E a bênção para toda a criação
A paz na nossa casa, nas ruas, no país
E a bênção da justiça que Deus quis

A paz pra quem viaja, a paz pra quem ficou
E a bênção do conforto a quem chorou
A paz entre as igrejas e nas religiões
E a bênção da irmandade entre as nações

A paz pra toda a Terra e a terra ao lavrador
E a bênção da fartura e do louvor

CD Canções de PAZ – Paulinas/Comep – faixa 12

Leo Fanelli/Arquivo da editora

136

DEIXE-ME SER

Afonso Horácio Leite

Deixe-me ser, láláiá
Sou uma criança, láláiá
Eu também sou gente, láláiá
Sonho na esperança, láláiá

Quero vida de criança, sonho um sonho pequenino
De uma vida com fartura para todos, com carinho
Quero vida de criança, sem o peso do trabalho
Com jogos e brincadeiras um direito que eu não calo

Quero vida de criança, filho de trabalhador
Estar com ele em suas lutas para vencer tanta dor
Quero vida de criança, sou de uma comunidade
Nas ações que ela leva, quero estar lá à vontade

Quero vida de criança num mundo tão desigual
Quero que a minha voz denuncie tão grande mal
Quero vida de criança que anuncie o mundo novo
Com ações de todos juntos para o bem de todo o povo.

CD Sonho de menino – Paulinas/Comep – faixa 9

Leo Fanelli/Arquivo da editora

CANTIGA DE PAZ

Zé Vicente

Vem cantar comigo esta canção do amanhã
Vamos na esquina deixá-la em cartaz
Seja bem-vinda a paz!
Vamos pela rua em passeata popular
Venham, venham todos, não vale esperar
Pra ver acontecer tem que lutar.

E todos seremos iguais
O dia é a gente que faz
Quem planta a justiça refaz
A estrada da vida e da paz

Vem, vamos interrogar ao rei computador
O que fazer pra ver reinar o amor
E como desarmar o coração e a razão
Dos homens violentos que não olham pra trás
O que a guerra fez e faz.

Venha quem chorou e machucado foi
Na praça envergonhada a violência está
E quem pisou vai ter que constatar
Que é bem melhor servir do que matar.

CD Canções de PAZ –
Paulinas/Comep – faixa 5

138

NOVO DIA JÁ VEM

Verônica Firmino

Vem, dá-me tua mão
Vamos juntos cantar
E plantar amor nos corações
Vem, dá-me tua mão
Vamos juntos construir
Um mundo mais feliz, irmão.

Novo dia já vem
Ano novo também
É sempre tempo de amar
Somos todos irmãos
Vamos nos dar as mãos
E abrir as portas do coração.

Vem, vamos regar
O jardim da vida
Com os sonhos da paz
Vem, vamos plantar
Canteiros de esperança
De alegria e de luz.

O que passou, passou
Vamos caminhar só fazendo o bem
Estendendo a mão, acolhendo o irmão
Num abraço de compreensão
Vamos juntos viver semeando a paz
Vida nova nascerá: a civilização do amor.

CD Vamos animar e celebrar – Paulinas/Comep – faixa 12

Leo Fanelli/Arquivo da editora

OBRIGADO, MEU SENHOR!

Verônica Firmino

Obrigado, meu Senhor
Pela vida, pelo amor
Obrigado! Agradeço a ti, Senhor

Pela Terra e a água, pela fauna e a flora
Pelo ar que respiramos e toda a beleza da natureza
Pelo Sol e a Lua, pela noite e o dia
As estrelas a brilhar, tudo é graça do teu amor.

Pelos pais, pelos filhos, os irmãos e os amigos
A família que nos dás, pela paz que há entre nós
Pelo pão e a alegria, pelo lar e o repouso
A saúde e o trabalho, por tua luz que sempre nos guia.

CD Vamos animar e celebrar – Paulinas/Comep – faixa 10

Leo Fanelli/Arquivo da editora

140

SÍMBOLOS DA PÁSCOA

João Collares

O Ovo de Páscoa simboliza a vida
O Coelhinho da Páscoa simboliza fertilidade

Com muita alegria nós vamos cantar
Cantar uma linda canção repleta de paz
E de amor aos irmãos
A Páscoa é Ressurreição.

Que um mundo de paz venha em nós renascer
Que a semente do amor possa reflorescer
Num abraço de paz e de fraternidade
Que a Páscoa nos traga a felicidade

CD Calendário Escolar Musicado – datas comemorativas vol. 1 –
Paulinas/Comep – faixa 3

Leo Fanelli/Arquivo da editora

141

VAGA-LUME

Ir. Maria do Rosário A. Siqueira

Era noite na floresta, vaga-lume apareceu,
Era tudo tão escuro, ele se entristeceu
Acendeu sua lanterninha, mas de nada adiantou
A floresta era tão grande, e nada, nada iluminou

Trá, lá, lá...

Vaga-lume, então pensou: eu já sei o que vou fazer
Se unirmos nossas forças o trabalho vai render
Vou chamar meus amiguinhos, para virem me ajudar
E com as nossas lanterninhas vamos tudo iluminar

Veio um, mais um, mais um, mais um, mais um...

É um tal de pisca, pisca, pisca, pisca sem parar
Vejam só, meus amiguinhos. Oh! Que linda a noite está
Assim, todos se ajudando, formou-se a multidão
A floresta inteirinha transformou-se num clarão!

Pisca, pisca, pisca... sem parar

CD Sementinha 4 – Paulinas/Comep – faixa 10

Leo Fanelli/Arquivo da editora

FARÓIS DE ESPERANÇA

Verônica Firmino

Um novo tempo sonhamos de justiça, paz e amor
Unindo nossas mãos faremos acontecer

Ainda é tempo pra felicidade
Um cantinho de paz, esperança e amizade
Respeitar a vida, a natureza
Cuidar da beleza de todo o planeta
É a nossa missão
Vamos acender faróis de esperança
Luzes de confiança para o mundo ser melhor.

CD Canções de PAZ – Paulinas/Comep – faixa 8

Leo Fanelli/Arquivo da editora

PARABÉNS!

Você chegou ao final do seu livro!

Com certeza, fez um belo trabalho!

Nesta página, você vai fazer uma frase, um desenho ou uma colagem de um assunto de que gostou muito.

Vamos lá!

Adesivos

adesivos para a página 3

adesivos para a página 21

adesivos para a página 24

adesivos para a página 52

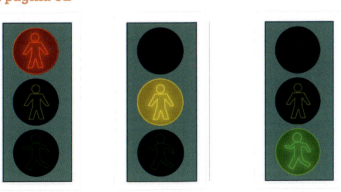